Nunca calles al corazón

Fernanda Ulloa E.

Te doy la bienvenida a mis pensamientos, mis locuras,

mis enojos, mi felicidad y mi dolor más profundo.

Aquí va todo lo que mi boca nunca pudo reproducir, pero mi corazón sí.

CONTENIDO

SOBRE LA AUTORA Y EL LIBRO

Es raro escribir sobre mí. Pero les cuento que me llamo Fernanda Ulloa,
tengo veinticuatro años, cerca de cumplir veinticinco. Soy periodista y
escritora. Me mueve el feminismo, el amor y la literatura. Escribo desde que
tengo memoria y me he enamorado un montón de veces, de la vida, de
momentos, de ideales, de muchas cosas. Pero también me he enamorado de
personas, y me ha tocado soltar, me ha tocado sanar, y me ha tocado seguir.

En este poemario están algunos de los versos más reales que he escrito,
tengo miles de bocetos, de frases, de pensamientos, escritors en mil libretas,
pero los que llegaron aquí son aquellos que aún resuenan en mi cabeza.

Solo les pido que lo lean, con el corazón, que lo vivan, que recuerden a
quienes quieren y que recuerden que ustedes mismos y mismas, son lo más
importante para seguir, para ponerse de pie y seguir brillando.
El mundo tiene muchas cosas buenas para nosotros y nosotras, solo
esperen, confíen.

EXTRAÑO TU PIEL

29.11.14

Pareciera que ya nos habíamos visto antes,

que en otro momento estábamos juntos y solíamos depender el uno del otro.

Que nos amábamos como almas jóvenes,

y creíamos ser felices.

Creo que hablábamos de la vida recostados,

y escuchábamos nuestra canción favorita.

Debieron ser los mejores momentos de mi vida.

Líneas

¿Crees que algún día llegaré a llenar todas estas líneas?

Yo creo que sí.

Tengo tanto que decirte,

o gritar,

que escribir un libro me parece poco.

¿Qué hiciste?

¿Qué hace una para dejarte ir?

Aura

No sabía que el corazón se podía ir pudriendo.

Sí, porque cada vez que te recuerdo así se siente:

Como cuando las hojas tienen un pedacito seco,

ese lugar donde el aura se pierde,

y se comienza a morir.

Aún no encuentro la cura

aún no sé como parar la locura

aún me queda un poco de cordura

solo sé que mi corazón

ya no forma su figura.

Si leyeras esto escrito en el papel que realmente lo escribí,

sabrías que mientras lo hacía estaba llorando.

Lo reconocerías en las formas y líneas,

en mi manera de escribir.

Donde las letras pesan,

donde duelen,

todo de corazón,

nada planeado.

your tongue

tu lengua

y la mía

como si fuera una

es como si nos conociéramos

hace años

me gustaría probar

cada parte

cada cicatriz

cada miedo

tu lengua

debería conocer la mía

y

no puedo esperar

Me miras

Es que creo no te das cuenta de cómo te miro,
yo si me doy cuenta de cómo me miras.

Pienso que nos miramos como cuando uno quiere lo prohibido,
si pudiéramos,
te aseguro que correríamos a besarnos.

Imagina ese momento, dime que haz imaginado ese momento.

Espero que falte poco para que me digas que acerté en cómo me miras.

No respiro

Realmente me cuesta respirar.
Pienso en ti y el aire se para.
Sueño contigo todos los días.
Pienso en ti y mi vida para.
Simplemente sin ti, no respiro.

El món sencer

Com et dic que em encantes?

Em apareixes a tot arreu,

és impossible no pensar-te.

Digues-me que sí i moc el món sencer.

El mundo entero

¿Cómo te digo que me encantas?

Me apareces en todas partes,

es imposible no pensarte.

Dime que sí y muevo el mundo entero.

Estás aquí (en todas partes)

Pasan días y días,

cada vez crece dentro de mí

el mismo pensamiento.

A veces pienso que no te merezco,

otras que eres lo único que necesito para seguir.

Las frases que escribo ya ni riman,

estoy perdiendo la esperanza,

estoy perdiendo la luz,

sigo esperando tu *te quiero* en la madrugada.

qué raro no hablar

qué raro sentir que sigues aquí

estás en la música

estás en los colores

estás en los aromas

estás en mi sonrisa

qué raro,

porque fuiste tú

el que nunca pudo sentir.

Tres poemas para ti

No hay día en el que no piense en ti.

Porque sonó una canción.

Porque apareciste en un recuerdo.

Porque viste mi historia.

Porque en estos meses,

hace un año,

todo empezó.

No hay día en que no me pregunte por ti.

-

Sé que me quisiste

aunque sea un poquito.

Sé que pude haber hecho

muchas cosas

de otra forma.

Sé que me arrepiento.

Sé que me dueles, y mucho.

-

No sé si te extraño a ti

o

al sentimiento.

No sé si te extraño a ti

o

lo que quería que pasara.

No sé si te extraño a ti.

Solo sé que solo te quise a ti.

odio

  los

    sentimientos

     encontrados

hoy me senté a tu lado

y estuve mucho tiempo

pensando si me sentía

bien

o

mal

      pero

       de alguna forma

        valoro

         que

          aún

           podamos

            hablar.

Close your eyes

Hay pequeños momentos

de esos que me da miedo que se borren de mi mente.

Por eso decidí anotarlo acá.

Ese día que hablamos y nos vimos,

a través de la pantalla.

Nos pusimos a escuchar música juntos,

hasta que decidimos la nuestra:

"Don't you worry about the distance

I'm right there if you get lonely

Give this song another listen

Close your eyes

Listen to my voice, it's my disguise

I'm by your side".

Cuando me burlé de mí misma

y te reíste a carcajadas.

Cuando nos acostamos en la cama

cada uno en la suya

(ojalá fuese la misma)

y nos quedamos hablando

y mirando,

hasta caer dormidos.

Cuando preguntaste si estaba viendo a alguien.

Cuando se cortó y me volviste a llamar.

Cuando todo.

Siento que tal vez no te conozco lo suficiente

pero me gustas demasiado.

Espero que estés tan confundido como yo.

Espero que no entiendas por qué no hablamos.

Pienso todo el día en ti

y espero siempre tu notificación.

ME TENGO A MÍ

Merezco toda la felicidad del mundo.
Merezco un amor hermoso,
lleno de amor y reciprocidad y atención.
Merezco lograr lo que sueño.
Merezco sentirme plena,
ya no dejaré que me rompas,
no merezco algo de a veces
o por si acaso.
Merezco todo,
por completo
y sin dudar.

Su corazón vive parcialmente conmigo.
En mi interior,
porque se lo he quitado.

Y

Y.

Siempre comienzo a escribir con esa letra,

esa letra que nos une,

a ti

y

a mí.

Y,

así de fácil,

así de rápido...

Mi corazón dejó de latir por ti.

20

¿Tiene sentido?

No.

Creer, creer y creer.

Para que termine en

llorar, llorar y llorar.

Estrellas

A veces pienso que me lastimaste tanto

que no puedo respirar.

Pero me quedo con la luna y las estrellas,

ellas siempre van a estar.

Y lo más importante:

ellas sí me hacen brillar.

Las hadas me lo dijeron,

que el amor es lo más fuerte,

que ir por ti era lo correcto.

Pero las hadas no me dijeron,

que a veces el amor lastima,

y quienes se suponían que se merecían,

hoy no son nada.

nota para mí:

vas a hacerlo muy bien.

eres poderosa.

eres buena.

eres una buena amiga, hija y hermana.

mereces todo.

mereces amor,

un amor puro y exclusivo.

solo espera.

Por siempre

Su risa me alegra el día,

y con alguna locura

todo lo malo se borra.

Tan hermosa

que a cualquiera enamora.

Con esos ojos verdes,

a veces dorados,

con esa alegría eterna.

Valiente, generosa,

persistente, soñadora,

preocupada, sensible,

humilde, optimista,

inteligente y resiliente.

Cable a tierra,

ve lo mejor en los demás. y nunca me deja atrás.

El alma gemela que siempre quise,

días que parecen horas,

porque hablar con ella

nunca me dejará triste.

Siempre estaré agradecida

de que mi mejor amiga

esté tan llena de vida,

el orgullo me llena,

sé que siempre logrará lo que quiera.

Y a donde la lleve el mundo

seguirá brillando.

Por siempre,

estés dónde estés,

te amo infinito

y no lo cambiará

ni la situación más adversa.

No me voy a callar

La garganta me arde,

gritar ya no parece suficiente.

El fuego ya no quema como debería,

la paranoia se transformó en rutina.

La desesperanza nos calla y acompaña,

el macho está encima,

tan cerca y apretado

que se escucha como estar bajo el agua.

Las preguntas,

los que se creen jueces,

el afán de dejar de ser humano,

una empatía tan vacía,

que prefieren tildar de arpía,

a quien sin vida en unos días aparecería.

No me voy a callar,

porque el patriarcado ya no lo llevo de collar.

Siempre voy a creerle a mis compañeras,

porque sé que no dejarán nada en pie

si yo no regreso más.

Algo se desgarra en lo más profundo de todas,

cuando las noticias cantan

un femicidio, agresión o violación

como un simple conteo.

Porque el sistema acobardado

no los ha tomado esposados.

Un Estado que nunca ha estado

en los pies del más vulnerado,

si no que del lado del violador adinerado

que no fue encarcelado.

Juntas somos fuerza,

juntas somos voz,

juntas haremos justicia

y juntas seguiremos.

Como mujeres de fuego,

acabaremos con el ego

de quien decide ser ciego.

Un abrazo al cielo a todas,

a ti Antonia,

y a las que no están.

Un abrazo en tierra a las que están.

Un abrazo en el tiempo a las que vienen,

espero que este cáncer ya esté en su última etapa.

Por mi mejor amiga,

por mi mamá,

mi abuela,

mi tía,

mi prima,

por todas,

un

dos

tres

por mí

y por todas mis compañeras.

Nada más nos calla,

en cualquier batalla

haremos frente.

Hoy se acaba su pantalla,

nuestro corazón es valiente

ya no nos sentirán ausentes.

completa

me quiero

me quiero a mí

me quiero porque ya no quiero

querer sin quererme a mí.

las que hoy son marcas,

las dejaste ahí

cómo pude soportar

no quererme a mí

y por ti.

pero ya no,

me quiero,

me quiero mil,

me quiero completa

me quiero a mí.

05.06.20

Tus palabras ya no resuenan.

Los colores ya no revelan.

Quien te viera

diría que tu cara ya no les suena.

Quien te quiera

sabrá que no eres lo que eras.

Si algún día se te ocurriera

que llamar es buena idea,

no creo que atienda.

El corazón cambia en las batallas,

no deja a espacio a quien disparó,

y a quien tanto cambió,

no se le recibe porque envenena.

Piel

Qué mal te traté

qué mal te entendí

qué mal te miré

qué mal te sentí.

Te pido disculpas

a ti

a mí

a mi piel.

Que me cuidas

que me quieres

que me contienes

que no me juzgas

que me acompañas

que me sostienes.

A mi piel

una reverencia

un abrazo

a mi piel

un beso

a mi piel

el cielo.

Nunca calles al corazón

Late

grita

calla

chilla.

El corazón

quien te pide que lo digas

quien te pide que lo hagas

quien recibe el dolor

quien recibe el amor

quien recibe la ilusión.

Por favor,

nunca calles al corazón.

Porque nunca erra

porque nunca espera

porque es

quien realmente piensa.

No te diré que no me dio miedo avanzar.

Me dio miedo salir con alguien y que comenzara a buscarte,

en cada risa,

en cada palabra,

en cada momento.

Pensé que nunca haría esto por mí,

pero ya duele tanto

y merezco ser feliz,

merezco de ese amor

que siempre me faltó

y que no quisiste entregar.

Pero ahora tengo mis alas

quizás no tan abiertas

quizá no tan fuertes

pero las tengo

y nadie me las va a quitar.

Lista (o aún no):

- Piensa en ti primero.

- No escuches su canción. ¿ Times Square can't shine as bright as you"? Brillas más que las estrellas, tienes tu luz propia, no artificial.

- Me gusta ese delineador rosa, úsalo, te da vida.

- Sube la historia que tú quieras, sin doble sentido.

- Vuelve a escribir, nunca lo dejes.

- Llama a tus amigas, sabes lo mucho que te aman y lo feliz que te hacen.

- Vuelve a salir, hay miles que esperan por ti.

- Baila en la noche, sí, frente al espejo, con audífonos, retómalo.

- No te presiones.

- Aprende a soltar.

Te tienes (no te rindas)

Sé que duele.

Créeme,

sé que cuesta.

Pero ya queda menos.

El corazón es fuerte,

el corazón lucha,

el corazón domina todo lo malo,

ese corazón tuyo va a seguir adelante.

Cuando menos lo esperes

el dolor será un recuerdo

y tu estómago volverá a sentir las mariposas

a sonreír hasta que te duelan las mejillas

a dormir tranquila en la noche.

¿Por qué?

Porque te tienes a ti, y eso es suficiente.

Todos me dicen que siga, que salga de ahí, que te deje, que me empodere, que te olvide.

Todos me dicen mil órdenes, sin saber nada de lo que pasa entre tú y yo.

Todos me dicen frases y me pasan escurriendo por los hombros, no alcanzo a retener nada, solo veo el amor que te tengo.

Puede que me esté cegando, sí, pero creo que no había amado así antes.

Y no lo digo por decirlo, es porque cada vez que trato de avanzar, te sigo buscando, te sigo esperando. Cada vez que te veo, busco en tu mirada, en esos ojos, un poco de esperanza, de amor.

Cada vez que te hablo, memorizo cada línea de la conversación, y repito tu voz en mi cabeza, y te extraño cada día más.

Duele, duele mucho, saber qué podríamos ser eternos pero que pareciera que no son los planes del destino, y de que quieres ir a intentar con alguien más, cuando a gritos te lo dice el corazón, que seamos, que sigamos, pero huir parece más fácil, y no sé si quiero estar con alguien que prefiere huir, que tirarse conmigo al vacío.

Valiente

Mi amor, no estás sola.

¿Recuerdas todo lo que dijiste que querías hacer cuando grande?

Haz logrado la mayoría, siéntete orgullosa.

Tú más que nadie sabe lo que es tomar el rol de otra persona,

de madurar apuradamente,

de tener que crecer en contra de tu voluntad.

Pero eso ha hecho que seas quién eres hoy,

una mujer poderosa y valiente.

Cuando te vengas abajo recuerda lo que tú misma escribiste,

no hay amor más grande que el que te tienes a ti,

la persona que te acompañará hasta el último de tus días,

a quien debes admirar cada día.

Eres maravillosa,

repítelo,

grítalo,

deja de ponerlo en duda.

Sé que cuesta,

cuando no recibes todo el amor que das,

cuando te hacen creer que podías ser tú y te sueltan,

cuando creías tanto en ti, que te empiezas a cuestionar.

Prométeme que no lo harás,

que tú no te soltarás,

que eres lo más importante hoy y siempre.

Quédate tranquila,

todo lo bueno llegará a ti,

tú sigue soñando,

sigue confiando y sigue queriendo,

sigue amando con las mismas ganas,

ya vendrá todo lo que mereces,

y el miedo se irá, cambiándose por la calma.

Estoy completa

me pertenezco

y nadie me puede robar

cuando manejo en mi camioneta

y grito inquieta

la canción que me quisiste dedicar

NO TE ALEJES

Tanto

Tantas horas
tantos días
tantas risas
tantos casi
tantos besos con la mirada
tanta confianza
tanto
tanto para nada
tanto y aquí estamos
fuimos tanto y no somos nada

You

You are my favorite thing in the whole world.
Favorite.
And by favorite, I mean the one I like the most.
The one I would choose over anything,
and that favorite thing,
for sure,
it's you.
And I love you.

la lluvia cae
sé que la odias
y sabes que la amo
así de diferentes somos a veces
pero en general, no nos soltamos

te escribo esto porque no puedo parar de pensar en ti
y me da rabia
me da pena
me da nostalgia
me da felicidades efímeras
te extraño y no puedo parar de pensar en ti

extraño las caricias
los besos
las sonrisas a centímetros de tu boca
tus mensajes de buenos días y de buenas noches
tus llamadas
el sonido de tu respiración al dormir
que me calmaba
mientras me abrazabas

te extraño y no puedo dormir
no sé cómo parar de pensar en ti

Siete

Te
Espero
las
vidas
que
tú
quieras.

De ti quiero

Te quiero escribir un libro entero,
quiero reflejar tu risa,
quiero retratar tus gestos,
quiero narrar sobre tus abrazos,
quiero fantasear sobre tus besos,
quiero pensar en tu voz,
quiero decir que te quiero.

Pena

¿Sientes pena?

Así como como yo

cuando en la noche

muy tarde

estoy cerrando los ojos

y

estás ahí

en ese lugar

al medio de lo que es

y lo que no es

La pena

qué pena

que no sientas pena

Me acuerdo de tus manos

de cómo me mirabas

sin tener que hablarme

me decías que no me fuera

pero

tú

me

soltaste

Pena

no queda nada más que pena

cuando

en vez de nuestra

la pena

podría ser

ajena

Duele

Que ya no pienses en mí ya no duele,

ya no sorprende.

que aún te quiera tanto duele,

pero cada vez menos.

que no hablemos,

que no me hagas reír,

que ya no estés,

eso duele,

duele tan fuerte,

que te pido por favor:

no partas sin mí.

Sí.

¿qué pasa en ti cuando me ves así?
perdida
con ilusión
llena de amor
y todo por ti.

qué ganas
de que esa canción
te recuerde por siempre a mí.

para alguien experto en mentir,
no sé cómo
aún
te sigo diciendo que sí.

En verdad,
si alguien me desafía a escribirte por días,
perfectamente lo haría y ganaría.

Lo que sucede es que aún no puedo entender lo que me hiciste.
Cómo es posible que sigas en mi pensamiento diario,
en mi conversación sin siquiera pensarlo.
No fuimos nada real.

Siento que siempre quise algo especial,
pero luego de que te cansaras de intentar,
ahora te perdí con quien siempre tuve que defenderte,
te perdí porque te fijaste en quien no creía en ti.

Abrazos

la sonrisa,
piercing en la lengua,
un aro en tu oreja,
pulseras negras.

los mejores abrazos,
un perfume que se queda,
besos,
aunque ojalá fuesen en los labios.

llega a fumar,
llega a ver la pared,
tiene todo el mundo para caminar
pero viene a mí
con excusas
para vernos,
para hablar.

pero
al final del día
hay otra que te ve soñar.

Acelera

no creo que te merezcas más poemas
pero me rompes los esquemas
y el corazón no miente cuando quema,
tu voz me acelera
te sigo esperando en la carretera
sigamos juntos
no me dejes afuera.

00:01

es medianoche
y no sé por qué sigo esperando tu mensaje
es que aún
sigue viva
la ilusión de que me escribas
y me digas
"no te alejes de mi vida"
solo así
me quedaría
hasta que tú digas.

Caminar

Muevo los pies pero no los siento,
contigo vuelo,
contigo caigo
contigo quiero caminar.

Pero solo sé arrastrar
El bien o el mal
No sé qué me pasa
No logro acarrear
El corazón me pesa y sabe mal

Me gustaría ir más allá,
pero me da miedo.
Sí, me asusta.
Me asusta que me dejes a la mitad del camino,
no me asusta que no vuelvas más
porque sé que vendrás.
Me asusta tener que volver atrás y volver a caminar,
pero esta vez sin que me pese el corazón
porque ya no va a estar.
Y seré tan ligera
que podré volar.

Háblame más

Sigue hablándome,
no pares.

Me gusta escuchar tu nombre
y que acaricie tus labios.

Quizás no todavía
pero espero que tu boca
se encuentre con la mía
porque se convirtió en mi fantasía.

No dejes de explicarme
lo que sea.
Yo sigo escuchándote
porque así debería ser, ¿no?

Que todo lo que digamos
sea lo único que necesitemos
para seguir cada día
porque nos importa
porque nos mueve
porque nos queremos.

60

no hay nada más maravilloso
que tú y yo,
juntos,
contra todo,
nada más maravilloso,
que el amor así,
recíproco,
sano,
seguro
y
eterno.

Tengo miedo,
no quiero alejarme,
no quiero perderte,
no quiero dejar de abrazarte,
no quiero dejar de hablar,
no quiero dejar de escuchar tu día,
no quiero dejar de ver a tu familia,
no quiero dejar de ver películas,
no quiero dejar de besarte,
no quiero dejar de mirarte,
no quiero dejar de soñar(te),
no quiero dejar de proyectarnos,
no quiero que me sueltes,
no quiero que dejes de quererme,
no quiero que dejes de pensarme,
no quiero,
no quiero,
no quiero.

Tengo miedo,
no me sueltes,
no me dejes sola,
no permitas que mis miedos se vuelvan realidad.

62

Toma mi mano,
no me sueltes,
dime que todo estará bien,
que lo nuestro no es en vano,
y que tus besos siguen sabiendo a miel.

QUIZÁS

Decídete por mí

Daría todo por escuchar tu risa,
por verte fumar,
por uno de tus abrazos,
porque me mires a los ojos,
porque me lleves al fin del mundo.

Daría todo por un beso tuyo,
por escucharte hablar de tus sueños,
porque bailes conmigo,
porque me tomes de la mano,
porque te decidas por mí..

Ser sin ti

65

quiero ser
pero ser sin ti no me agrada
quiero que, si soy, estés ahí.
seamos juntos.
seamos por siempre.
porque ser
sin
ti
no puede ser.

Cuando la memoria se tatúe

Edén, no hay copia feliz.
El himno ya no marca ni deja cicatriz.
Los corazones pierden sus batallas,
que el mundo escuche,
que sigan los que luchen.

Aún se llenan las alamedas,
porque ya no hay quien los calle,
y menos en las calles.

Donde la gente se olvida,
una memoria frágil,
la peor pandemìa,
de seguir negando la miseria.

Las letras llenan los muros,
las palabras gritan,
y desgarran lo profundo de los taciturnos.

Por quien vive dejado,
que no sabe qué comerá mañana,
el resto de la manada vocifera,
nadie puede más con la espera.

Lo que sufren a quienes se les quitó la vejez,
a las que no deciden sobre su cuerpo,
a quienes se les arrebató la vista,
a quienes les quitaron sus tierras,
juntos vengaremos la lista.

La unión de quienes sienten,
quienes creen,
es lo que el mundo destaca.
Y a pesar de cantar las penas,
los de las riendas también te atacan.

Esperanza, pequeña luz.
Seguiremos,

que solo brillará todo
cuando la memoria se tatúe,
y vivir dignamente
se sitúe
en los que aún el oro
tapa sus ojos.
Y, ¡qué suertudos!
Aún los tienen.

La maravilla de las manos unidas,
de los que cantan juntos,
que comparten el sudor,
por una lucha que llena el alma,
porque sin calma
pelearon por las vidas.

Y.
Con esa letra,
que une palabras,
que une frases.
Los tuyos y los nuestros,
encontrarán la danza,
el pan estará en la puerta,
y quienes cantan
tomarán la cima.
Para que nada, ni nadie más
quede sólo en los sueños.

Tal vez algún día llegue a contarte todo esto.
Tal vez sea porque ese es el día que finalmente estuvimos juntos.

Lo que tenía que decirte es que aún no hay día en que no piense en
ti.
No hay semana en la que no aparezcas en alguno de mis sueños.

Te juro que no sé cómo hacer para despedirte de mi cabeza.

Tal vez llegará ese día en que te des cuenta.
Tal vez, y lo más probable, mi corazón seguirá en el mismo lugar.

Si tan solo pudiéramos retroceder,
haría todo distinto.

Te hubiese dado el beso ese día.
Te hubiese dicho que sí cuando me lo preguntaste.
Te hubiese seguido hasta el final.

Quizás así
sería yo quien te tomaría la mano cada día.

Lejos (vuelve por mí)

Necesito que lo dejes todo,
que vuelvas a mí.

Necesito tu sonrisa,
tu cara,
tus labios,
el sonido de tu acento.

Necesito tus caricias,
tus mensajes,
tu olor,
cada parte de ti.

Necesito que dejes de estar lejos,
quiero que vengas por mí.

Necesito que ese "ojalá verte otra vez"
deje de ser una posibilidad,
y que sea la última vez
que perdemos al amor de nuestra vida
suelto por el mundo.

Son las tres de la mañana con dieciocho minutos,

el clima roza los diez grados,

el corazón me late a mil quinientos,

y en mi mente aún siguen tus besos.

Soñarte ya no debería ser legal

cuando te dejé atrás

en el que más confiaba era en mi cerebro

pero a veces el corazón

viene caminando

lentamente

y lo manipula

y revive cada sensación

en mi estado más puro

durmiendo

y veo nuestra película

hasta que sube el mar

y me aparta de ti.

Dime cómo tiene sentido que llore por algo que nunca fue, dime cómo tiene sentido que te quiera cuando jamás confié, dime cómo tiene sentido sentir que te haya besado si nunca te toqué, dime cómo tiene sentido que duela como si hubiesen sido años, dime cómo tiene sentido que olvidaras de todas las promesas, dime cómo tiene sentido que en un mes ya estés besando a otra, dime cómo tiene sentido que no vuelvas, dime cómo tiene sentido que aún espere, dime cómo tiene sentido que aún te crea, dime cómo tiene sentido que quiera una disculpa, dime cómo tiene sentido que siga la esperanza, dime cómo tiene sentido que me partas el alma, dime cómo tiene sentido que te busque en cada canción, dime cómo tiene sentido que te vea en cada persona que conozco, dime cómo tiene sentido que te amo cada día más, dime cómo tiene sentido que quien está feliz seas tú, dime cómo tiene sentido que vivas sin sentido, dime cómo tiene sentido que no te importara, dime cómo tiene sentido que no me llamaras, dime cómo tiene sentido que lo nuestro aún tenga sentido.

Al final,
bailar con el diablo si era tan malo como creía.
No,
quizás su corazón real no tiene malas intenciones.
Pero si te envenena,
y te encandila.

Baila sola,
baila con quien te quiera dar la mano
y te mire como que eres el centro de su alma.

Al final,
ese pacto con el diablo,
es un ciclo,
nunca acaba,
y tú no tienes tiempo
para no seguir en libertad.

Amigos

Te lo he dicho mil veces,
porque somos confidentes,
que pase lo pase me quedo
aunque te sacaras ese anillo del dedo

Te lo dije
que te amo de aquí al cielo
pero los amigos
no se besan y luego les dan celos

Te lo repito
te espero siempre
pero yo sigo
porque no puedo ver cómo no me eliges primero

Te lo diré
algún día
que todo esto fue una guerra
y ojalá nos riamos juntos
mientras termino mi novela.

Vuelve corriendo

Días
Semanas
Meses
Se repite de nuevo,
ya no sé cómo suena tu voz,
se me está olvidando el sabor de tus besos,
me parecen lejanos tus abrazos,
ni me acuerdo cuando me dijiste te amo la última vez.

Días
Semanas
Meses
no dejes que sean años,
no dejes que sea más,
vuelve corriendo,
te espero acá.

Lo que más duele son esos flashbacks,
que me golpean a la mitad del día,
cuando voy hacia la oficina,
cuando estoy en una reunión con gerentes,
cuando salgo a bailar con mis amigos,
todos esos recuerdos
me golpean en el estómago,
me dejan un vacío,
qué ganas que fueran recuerdos que se siguen repitiendo.

Espero de todo corazón que seas feliz,
aunque no sea a mi lado.
Tú más que nadie sabe qué tiene que hacer,
qué debe sentir.
Pero espero de todo corazón que no hagas lo que crees que te hace feliz,
si no lo que sabes que te hace feliz.
Si te das cuenta que era conmigo,
llámame,
mándame una canción,
ven a verme,
mis brazos siguen abiertos,
los amores de la vida son para siempre.

Ya son dos años,
desde que te ví.

Solo sueño que algún día logremos todo lo que dijimos.
Que viajes por Europa, mientras yo paseo en Nueva York.

Espero que tengamos el departamento que queríamos,
tal vez juntos, tal vez separados.
Con tu habitación, la mía y la nuestra.

Con el proyector para que nos quedemos dormidos en el sillón.

Espero que logremos lo que soñamos, y espero que lo logremos juntos.

NOTA DE LA AUTORA Y AGRADECIMIENTOS

Gracias por llegar hasta acá. Tengo muchos más poemas de donde vinieron esos, pero quiero decir que este fue un gran sueño para mí, el que simplemente tú, lector o lectora, haya terminado de leer mis versos, mis miedos, mis más grandes sueños, mis dolores, mis alegrías. Espero que alguno de estos poemas haya quedado guardado para siempre en tu corazón.

Espero que algún día sean muy felices, y no esa felicidad efímera de momentos, si no que se sientan plenos y plenas. Que se despierten con ganas y amen lo que hacen, que disfruten a su vida y que amen a sus seres queridos. No los suelten nunca, por favor.

Y les deseo un amor de verdad, de esos que nos hacen sonreír hasta que duele la cara, de esos que te hacen sentir que estás volando, de esos que te hacen sentir tan bien que no pides nada más. Merecen un amor al mil por ciento, no a medias, no a veces, merecen todo, nunca lo olviden.

Espero sigas tu camino de amor propio, no es fácil, pero cuando te das cuenta de que eres la mejor compañía, el mundo cambia de punto de vista, y te transformas en protagonista de tu historia. Créetelo, no dudes, no desconfíes de ti, aunque cueste, siempre te tendrás a ti.

Gracias a mis amigas, mis reales grandes amores de mi vida, quienes me sostienen cada día, ustedes tienen clarísimo quiénes son.

Gracias a la lectura, a bookstagram y a las editoriales, que me han dado de todo para poder seguir leyendo y creyendo en mí, que algún día podría publicar mi libro.

Gracias a mi partner, ya sabes qué poemas son para ti, no necesito contarte. Gracias a mi tía Lore, sin ti no estaría aquí, logrando todo lo que me propongo.

Gracias a mis padres, a mis hermanos y a mis dos lobitos: Gus y Levi, que me tienen con los pies en la Tierra.

A mis abuelos, por siempre creer en mí, por seguir aquí conmigo, por nunca dudar de que puedo lograr todo.

Y gracias a mí, pudiste con todo y siempre lo harás, sigue soñando en grande y sigue amando fuerte.

FIN

81